NOTRE-DAME

DE

SEPT-FONTS

EN QUERCY

(DIOCÈSE DE MONTAUBAN)

MONTAUBAN

IMPRIMERIE ET LITHOGRAPHIE ÉDOUARD FORESTIÉ

23, rue de la République, 23

—

1900

NOTRE-DAME

DE SEPT-FONTS

Vu et permis d'imprimer :

CAL. DAUX, vic.-gén.

Évêché de Montauban, le 16 juillet 1900.

« SAINTE-MARIE DE L'ORMEAU »

NOTRE-DAME

DE

SEPT-FONTS

EN QUERCY

(DIOCÈSE DE MONTAUBAN)

par l'abbé Camille Daux.

MONTAUBAN

IMPRIMERIE ET LITHOGRAPHIE ÉDOUARD FORESTIÉ

23, rue de la République. 23

1900

CHAPELLE NOTRE-DAME
(SAINTE-MARIE DE L'ORMEAU)

INSCRIPTION

DE LA CLOCHE DE NOTRE-DAME

Sᵀᴱ Marie de l Ormeau en l honneur de Sᵀ Blaise

M. J. Jaques Cipion Bernabé curé de Septfonds

M. Lacam maire et J. P. Cavalier marguilier 1825

†   †

Triadou

FONDEUR

AUX PAROISSIENS DE SEPT-FONTS

Composé pour l'inauguration de la Statue de Notre-Dame des Douleurs, le présent opuscule voudrait aider au relèvement et à l'extension de ce culte dans votre antique Chapelle.

Les vagues souvenirs qui circulent parmi vous sur ce Sanctuaire seront désormais précisés dans ces quelques pages. En vous instruisant, puissent-elles vous édifier! Elles seront, du moins, un guide pour votre piété filiale; puisque, avec les origines de votre paroisse et les traditions de vos ancêtres, vous aurez là un recueil de prières propres à faciliter votre dévotion.

Connaissant mieux votre Chapelle, vous aimerez davantage la Titulaire. En retour, Celle qui depuis plusieurs siècles protège vos foyers, les bénira encore plus maternellement. Et lorsque la cloche de la Chapelle de « Sainte-Marie de l'Ormeau » vous appellera ou annoncera quelqu'une de vos joies, — et aussi, hélas! vos deuils, — vos cœurs feront monter une prière vers la puissante Consolatrice invoquée sous le nom si réconfortant de Notre-Dame des Douleurs.

Que ce petit livre vous inspire ces sentiments. Aussi bien sera-t-il un ex-voto offert au Sanctuaire qui vous tient à cœur, parce qu'il fut le berceau de Sept-Fonts.

C. DAUX, *m. a.*

NOTRE-DAME
DE SEPT-FONTS [1]

Depuis de longs siècles, les habitants de Sept-Fonts conservent avec un soin jaloux et une piété vraiment filiale la bien modeste Chapelle dédiée à *Notre-Dame,* aux abords du cimetière paroissial. Leur attachement à ce petit Oratoire ne s'est jamais démenti, et bien attristée serait cette religieuse population si la cloche de l'antique Sanctuaire, faisant écho à celle de l'église paroissiale, ne tintait plus pour lui annoncer les grandes solennités, pleurer ses morts ou appeler à quelqu'un des offices qu'il est de tradition de célébrer dans cette enceinte, comme le firent les générations passées.

Cet attrait, cet attachement, si vivaces, sont-ils motivés par quelqu'une de ces particularités que le Ciel se plaît parfois à faire éclore pour favoriser la piété et entraîner les foules? Il est des sites où l'âme se sent

---

(1) On verra plus loin la raison de l'orthographe adoptée ici pour le nom de cette localité, et avec plus de détails dans la *Notice.*

plus élevée, plus détachée de la terre : par exemple, en face du grandiose spectacle des montagnes, devant l'imposante immensité de l'Océan, au contact de la solitude, de la sauvagerie même de quelque vallon. Il est tel coin privilégié où la puissance divine a fait couler des flots de miracles ; des points sur lesquels les manifestations de Marie ou de quelque saint ont laissé des empreintes, des signes aussi indiscutables qu'indiscutés ; il est des images, des statues, des sources, des rochers, des arbres, que la tradition séculaire a consacrés comme témoins, instruments ou moyens dont la divine Providence a bien voulu se servir pour ranimer la foi en frappant les yeux et les esprits. Lourdes, Rocamadour, la Salette et, plus près de nous, Livron, Castelferrus, Bon-Encontre, rappellent ces sites, ces apparitions, ces miracles... Aussi bien, les âmes se sentent-elles entraînées vers ces asiles, qui rapprochent davantage de Dieu et du surnaturel ; aussi bien, les populations se transmettent-elles d'âge en âge l'attachement à ces lieux privilégiés.

A Sept-Fonts, nulle de ces attractions. Comme site, une basse plaine ou vallée peu profonde et légèrement ondulée de pentes, au bas du plateau calcaire de Dardenne, à l'Ouest, et des collines escarpées derrière lesquelles se cachent, à l'Est, Caylus et Saint-Antonin. Dans le bas-fond de ces deux versants, le groupement des habitations formant le bourg, dont on constate chaque jour l'extension hors des limites primitives. De là s'aperçoivent au loin, dans la direction du Nord, les sommets abrupts de Puylaroque, de Montpezat et les causses du Lot, tandis qu'au Midi se déroule la chaîne des coteaux du Tarn avec les derniers contreforts qui portent Penne, Bruniquel et la forêt de Grésigne.

Dans ce cadre relativement spacieux, quelques échappées assez restreintes laissent entrevoir, de ci de là, l'aspect que devait avoir le pays avant le déboisement et le percement des routes; alors surtout que les hordes batailleuses élevaient leurs *tumuli* sur les cendres de leurs morts, ou que l'idolâtrie dressait ses *dolmens* dans les bois ombreux qui jadis enveloppaient les rives de la Lère et les roches aux anfractuosités pleines de mystère. De ces monuments celtiques ou druidiques, huit encore attestent les traditions du culte alors en honneur chez les peuplades primitives. Ce sont les deux dolmens de *las Tombas*, celui de *Finelle*, un autre près *les Causses*, trois dans les bois qui couvrent la rive gauche de la Lère entre *Merle-Haut* et *Finelle*, *Roussal* et *Bonnet;* enfin, celui de *Peyre-Levade*, encore recouvert jusqu'à la table du monticule factice au centre duquel ces monuments étaient ordinairement construits.

Intéressants pour l'historien et l'archéologue, ces restes et ces souvenirs n'ont rien de bien attrayant pour la piété et pour la foi chrétienne. Pas plus, que du côté de la nature il n'y a rien d'enchanteur ou de particulièrement attachant, pas plus la main de l'homme, l'art ou le génie, n'ont dressé ici de monument, laissé de traces capables de captiver ou même d'intéresser au point de vue religieux. Pas davantage, au sujet de notre Sanctuaire, on n'entend parler de miracles, de révélations, d'apparitions, de faits surnaturels aptes à attirer les fidèles, à réveiller le sentiment chrétien.

Une simple construction des plus vulgaires constitue la Chapelle de *Notre-Dame*. La fidèle reproduction placée en tête de ces pages dit non seulement qu'il n'y a rien de monumental, mais qu'il n'est rien de plus simple, de plus pauvre. A l'intérieur, un autel maçonné est adossé au mur plat de l'abside. Au-dessus du tabernacle, une niche, sous fronton et moulures de plâtre, abrite la Statue objet du culte spécial à cette Chapelle : c'est une Vierge-Mère portant sur le bras gauche le Jésus qu'elle présente aux fidèles, et tenant à la main droite un sceptre d'or, symbole de la royauté qu'elle partage avec son divin Fils. Rien d'artistique ni de précieux dans cette sculpture en bois grossier, haute de 90 centimètres, qui, revêtue d'une robe d'étoffe traînante et d'un voile de gaze flottant, ne laisse voir que la tête et les mains, assez sommairement travaillées.

C'est à Marie, sous les traits de cette Statue de facture fort moderne, que la piété aime à offrir silencieusement des fleurs et des cierges; à Elle aussi, le zèle de pieuses personnes tient à fournir les divers vêtements qui, dans les solennités ou aux jours de deuil, servent à la parer. Ces pratiques et ces usages se transmettent ainsi depuis plusieurs générations ; et, sans se préoccuper soit de la date plus ou moins récente de cette Madone, soit de son vocable et de sa caractéristique liturgiques, les fidèles vont avec foi et ferveur à *Notre-Dame*. Ils ont vu leurs familles s'y rendre ; ils ont entendu parler des pèlerins qui jadis y venaient isolément, par groupes ou sous leurs bannières paroissiales; cela leur suffit. La chaîne de tradition ininterrompue leur dit l'ancienneté et l'intérêt de ce sanctuaire de Marie.

*
* *

Cette ancienneté est surtout attestée par une Statuette qui, occupant actuellement un rang secondaire, dut être cependant l'objet principal de la vénération. A ce titre, c'est elle qui est encore présentée aux baisements des fidèles; et nul doute que, malgré ses dimensions fort exiguës, elle n'ait été jadis à la première place dans ce Sanctuaire. Mesurant 20 centimètres de hauteur, y compris le socle-reliquaire qui la supporte, cette Statuette en bois est aussi une représentation de la Vierge-Mère. Sous la couche de dorure dont on l'a recouverte il y a quelques années, on ne peut distinguer qu'une sculpture assez grossière et sans caractère qui permette de lui assigner un style ou une époque bien déterminée; mais la base qui sert de socle est tout une révélation. En voici le détail et l'explication.

Dans la cavité, derrière une petite vitre, sont scellées trois reliques : celle du centre est une parcelle d'ossement bien effritée, sur laquelle on lit le nom de saint ROBERT; à gauche et à droite de celle-ci, deux autres parcelles accompagnées des noms de saint DENYS et de saint ALYPE. On ne saurait préciser l'époque à laquelle ces reliques furent ici proposées à la vénération des fidèles ; mais le choix de celle de saint Robert ne paraît pas étranger au souvenir de la fondation du Sanctuaire. Ainsi qu'on le verra tout à l'heure, le Bienheureux Robert d'Arbrissel fut le maître du saint qui envoya les religieux fondateurs de cette Chapelle. La grande réputation et le culte fort répandu de l'illustre Instituteur du double monastère de Fontevrault ne pouvaient passer inaperçus dans un Sanctuaire qui, par la colonie de ses moines, se rattachait médiatement aux Fontevristes. Il vint donc une heure où quelqu'un des abbés, prieurs ou recteurs de notre monastère, songea à confirmer cette tradition. Rien ne pouvait mieux y aider qu'en faisant revivre le saint thaumaturge par la présence et l'ostension d'une de ses reliques. De là, sans doute, est venue aussi la diffusion du nom patronymique de *Robert* dans nombre de familles de cette localité et de la région. Quant aux deux autres parcelles d'ossements, qui occupent une place secondaire dans la Statuette-reliquaire, elles peuvent aussi bien rappeler quelques religieux ermites, comme l'anachorète saint Alype le Cyonite, et quelqu'un des nombreux saints Denys, soit l'Aréopagite, soit un des moines de ce nom.

Quoi qu'il en soit de ces dernières particularités, cette petite Statue de Notre-Dame, encore mieux que celle vers laquelle on se dirige actuellement de préférence, prouve l'ancienneté et l'intérêt de ce Sanctuaire de Marie. Ces images bien vulgaires, le pauvre réduit qui les abrite sont évidemment le mémorial de quelque monument que les agitations politiques et religieuses ruinèrent il y a des siècles ; ils affirment la perpétuité d'un culte qui, bravant les orages, tient toujours au cœur de cette population. Avec les yeux de la foi, on ne regarde ici ni à la beauté ou à l'antiquité des murailles, ni à la valeur matérielle ou artistique d'une sculpture. Peu importe aussi qu'on soit en présence d'une *Immaculée*, d'une *Vierge-Mère*, d'une *Mater dolorosa* ou d'une *Notre-Dame de Pitié*... On va à Marie; c'est suffisant, c'est le tout de la dévotion. Or, à Sept-Fonts, c'est sous le nom de la Mère de Dieu que le premier centre paroissial fut fondé; *Notre-Dame* a été le berceau de la paroisse.

Placée depuis environ trois cents ans sous le vocable de *Saint-Blaise* (1), l'église paroissiale était, à l'origine, dédiée à la Très Sainte Vierge. D'après les inscriptions, soit de la cloche de ce Sanctuaire, soit de celle de la paroisse, on peut dire que *Notre-Dame* est restée Patronne de cette église, alors que *saint Blaise* lui a été donné pour Titulaire. Ainsi, la cloche paroissiale, refondue en 1701, porte la double invocation *Sancta Maria et Sanctus Blasius;* sur celle de la Chapelle, datée de 1825, se lit : « *Sainte-Marie de l'Ormeau en l'honneur de saint Blaise* (2). »

____

(1) Le plus ancien acte portant l'église paroissiale sous le vocable de Saint-Blaise est de 1526, en ces termes : *Sancti Blasii de Septem Fontibus cum annexa Sancti Cirgueti* (Saint-Cirq) *ad collationem Episcopi* (Cadurcensis). — *Pouillé du diocèse de Cahors*, possédé par M. Greil.

(2) A la suite de cette inscription, on lit sur cette cloche : *M. J.-Jaques Cipion Bernabé, curé de Septfonds, M. Lacam, maire, et J.-P. Cavalier, marguillier*, 1825. *Triadou, fondeur.*

* *
*

Tout porte à croire que l'humble *Chapelle de Notre-Dame* fut le premier édifice religieux de cette population jusqu'en l'année 1252. A cette date, la fondation de la bastide, contiguë au Sanctuaire, entraîna la construction d'un temple plus spacieux. Celui-ci fut édifié, comme il se trouve encore de nos jours, à l'entrée d'une des principales artères qui forment les divisions symétriques de la ville du comte de Toulouse. Par là, Alfonse de Poitiers voulait mettre le pays à l'abri des incursions étrangères, s'y fortifier pour poursuivre les Albigeois, et décimer ces hérétiques et leurs fauteurs, cantonnés dans les forêts qui couvraient la majeure partie de cette coutrée (1).

Jusqu'à cette époque, les fidèles se groupèrent à l'ombre d'un Sanctuaire dont l'origine pourrait bien remonter sinon à la fondation de l'abbaye de Figeac (819), du moins à une date assez rapprochée du X⁰ ou XI⁰ siècle. Une bulle du pape Eugène III nous apprend, en effet, que le lieu et l'église de Sept-Fonts faisaient partie des diverses possessions de ce monastère quercynois (2). Ce précieux document pontifical n'est daté, il est vrai, que du 22 janvier 1146 ; mais ce n'était là

(1) Voir la *Notice*, à propos de l'érection de Sept-Fonts en bastide et la période albigeoise.

(2) Voir l'indication de ce fait au tome I⁰ʳ de la *Gallia christiana*, col. 174, bulle du xı des calendes de février, et l'exposé des détails dans notre *Notice* sur Sept-Fonts.

qu'une nomenclature, avec confirmation nouvelle, de cessions et propriétés déjà anciennes. Or, est-il téméraire de croire que cette possession remontait à une époque assez reculée ? Eût-il été nécessaire de confirmer à nouveau des actes et des droits de date relativement récente ? Aussi estimons-nous que l'abbaye de Figeac exerçait à Sept-Fonts sa juridiction depuis quelques siècles lorsque Eugène III eut à la confirmer en faveur et dans la personne de l'abbé Adhémar II.

Cette nouvelle confirmation était évidemment nécessitée par le changement qui s'était opéré en ce lieu depuis quelques années. Des religieux ermites de Cadouin avaient été appelés sur ce territoire par le vicomte Adhémar de Bruniquel (1), pour défricher et cultiver les domaines qu'il y possédait. Ces fils spirituels du Bienheureux Géraud de Sales, de la colonie bénédictine de Pontigny, en prirent possession du 21 au 25 mars de l'année 1130. Leur premier soin fut d'assurer la célébration des offices religieux : un Oratoire était nécessaire; ils l'édifièrent. Cependant, l'évêque de Cahors et l'abbé de Figeac, tout en souscrivant à cette fondation abbatiale et à tous les droits et privilèges qu'elle entraînait sur le franc-alleu du seigneur de Bruniquel, ne pouvaient se dessaisir de leur part, tant

(1) Guillaume Lacoste, dans l'*Histoire du Quercy* (t. II, p. 33), attribue cette fondation aux « vicomtes de Caussade ou de Bruniquel, auxquels Sept-Fonts devait appartenir, » et ses nouveaux éditeurs observent que cet annaliste a écrit au-dessous et entre parenthèses : « ou plutôt les seigneurs de Montpezat et de Belfort. » Sur quoi sont fondés ces doutes ?

au spirituel qu'au temporel. De là, la bulle que nous venons de signaler, et dont la teneur, après les seize premières années écoulées, put facilement et sans conflits maintenir les droits anciens et prévenir les difficultés possibles.

*
* *

Quoi qu'il en soit de ce fait aussi bien que de la modification apportée par la venue des religieux de Cadouin, leur Père-abbé, désigné dans les actes sous le nom de *Pierre*, avait placé le couvent sous la protection de la Mère de Dieu, et le baptisa « *Sancta Maria de Septem-Fontibus,* » *Sainte-Marie de Sept-Fonts* ou *des Sept-Fontaines.* C'est sous cette même appellation, et presque à la même date, que se fondait (1132) l'abbaye cistercienne de *Sept-Fonts d'Autun (Septem Fontes in Burgundia).* Déjà, les diocèses de Langres et de Reims avaient vu, vers 1127 et 1129, s'élever, par le soin des religieux Prémontrés, les couvents des *Sept-Fontaines,* en Lorraine *(in Circaria Lotharingiæ)* et en Thiérache *(in Theoracia).* Dans notre Quercy, la dénomination adoptée par les moines du Bienheureux Géraud consacrait aussi, sous le vocable religieux, le nom porté *ab antiquo* par cette localité, qu'arrosaient les *sept* sources qu'on y trouve encore aujourd'hui, à savoir : la fontaine de Sept-Fonts, d'Aliguières, de Borrel, de Barrave, des Mourgues, de Lalande et l'intermittente de Vieille. C'est donc bien fautivement qu'on écrit *Septfonds,* quand l'étymologie indiscutable oblige à mettre *Sept-Fonts*, c'est-à-dire *sept fontaines* ou *sources*, alors qu'avec l'orthographe corrompue : *Septfonds*, on désigne *sept domaines*.

Ce fut certainement le voisinage de ces eaux qui fit choisir cet emplacement de préférence à tout autre de la région. On sait combien les Ordres monastiques, tout en recherchant la solitude, aimaient à se placer au bord des rivières ou tout au moins proche de sources qui, en contribuant à la fraîcheur et à l'agrément, étaient considérées à juste titre comme de première nécessité. Les *sept* fontaines, providentiellement distribuées sur le périmètre du territoire à eux confié, devenaient d'autant plus appréciables que les alentours, comme il a été constaté plus haut, n'étaient que bois, grèzes, calcaire et landes. La plupart des dénominations encore portées par divers hameaux, sites, lieux dits, chemins, etc,, rappellent étymologiquement cet état topographique. Ainsi *Lalande*, actuellement paroisse et section de la commune de Sept-Fonts ; *Bois-lony, Perrines, Pech, Grèze-del-Franc, Pech-d'Au-soue*, les grands bois des deux *Bourrel* (bas et haut), *Bois-Redon, Bouygues-Sandal, Roc-del-Saout, Caux-Vieilles*, tout autant d'appellations désignant un pays boisé, pierreux, rocailleux, escarpé. L'ensemble même de cette contrée *Caussadaise* exprime, par son appellation, non tant les quelques *causses* disséminés sur cette vaste plaine, que la *chaux* qui en forme le sol, ou bien encore *la chaussée (calciata, Caussade)*, désignant les passages ou défilés pierreux entre les bois et les terres cultivées.

Arrivés sur ce sol, favorable à tous égards, les nouveaux colons plantèrent tout d'abord la *croix de fondation*, bénite à cet effet, et que, d'après les Constitutions monacales, on leur remettait au départ de la Maison-mère. Cette croix marqua l'emplacement de l'église qu'ils se hâtèrent d'élever, et dont le nom de *Notre-Dame* a conservé le souvenir, tout comme la Chapelle de ce nom en indique encore la situation. Le point était bien choisi : c'est un des plus découverts et des plus culminants de cette vallée, et la partie la plus étendue entre le ruisseau d'Andoue, qui coule au bas du plateau, et les terrains arides ou boisés qui enserraient le pays dans un rayon de quelques lieues.

*
* *

Grâce à ces hommes de Dieu, la contrée allait désormais recevoir le double bienfait de la prière et du travail incessants. On oublie trop, de nos jours, les immenses services rendus, à l'origine, par les moines agriculteurs; beaucoup ne les soupçonnent même pas et ignorent que la plupart de nos bourgs, villages et centres plus ou moins importants leur doivent leur origine. Il est bon d'en donner ici un aperçu, résumé par un de nos plus savants critiques et historiens.

« Dans les campagnes, dépeuplées par le fisc romain, par les Bagaudes, par l'invasion des Germains, par les courses des brigands, le moine bénédictin bâtit sa cabane de branchages parmi les épines et les ronces;

autour de lui, de grands espaces jadis cultivés ne sont plus que des halliers déserts. Avec ses compagnons, il défriche et construit ; il domestique les animaux à demi-sauvages, établit une ferme, un moulin, une forge, un four, des ateliers de chaussure et d'habillement... Il recueille les misérables, les nourrit, les occupe, les marie ; mendiants, vagabonds, paysans fugitifs affluent autour du sanctuaire. Par degrés, leur campement devient un village, puis une bourgade ; l'homme laboure dès qu'il peut compter sur la récolte, et devient père de famille sitôt qu'il se croit en état de nourrir ses enfants. Ainsi se forment de nouveaux centres d'agriculture et d'industrie, qui deviennent aussi des centres nouveaux de population. Au pain du corps ajoutez celui de l'âme, non moins nécessaire ; car, avec les aliments, il fallait encore donner à l'homme la volonté de vivre, ou tout au moins la résignation qui lui fait tolérer la vie, et le rêve touchant ou poétique qui lui tient lieu du bonheur absent. Jusqu'au milieu du XIIIe siècle, le clergé s'est trouvé presque seul à le fournir. Par ses innombrables légendes de saints, par ses cathédrales et leur structure, par ses statues et leur expression, par ses offices et leur sens encore transparent, il a rendu sensible « le royaume de Dieu » et dressé le monde idéal au bout du monde réel, comme un magnifique pavillon d'or au bout d'un enclos fangeux (1). »

Ainsi, à Sept-Fonts, religion, bien-être, civilisation

---

(1) H. Taine, *les Origines de la France contemporaine : l'Ancien Régime*, pp. 6 et 7.

progressèrent à l'abri du Sanctuaire de Marie d'où partaient, ce qui vaut mieux que des paroles, l'exemple des plus hautes vertus et le travail moralisateur et sanctifiant. On peut même dire que les religieux bénédictins furent ici les premiers à édifier cette partie de notre Quercy, à y répandre, avec leurs sueurs, les parfums de la vie cénobitique, si favorable à la diffusion de la vie chrétienne parmi ceux qui sont les témoins journaliers de la régularité, de l'abnégation et de la mortification monastiques.

Pas d'autres religieux, en effet, n'avaient encore paru dans la région lorsque fut fondée, en 1130, l'Abbaye *Sainte-Marie de Sept-Fonts*. Ainsi, les moines de Saint-Étienne-d'Obazine ne s'établirent à Lagarde-Dieu que vingt ans après cette première fondation. Ceux de Saint-Marcel, près Réalville, essaimèrent de Sept-Fonts. Antérieurement, des religieux de Saint-Benoît se trouvaient bien réunis dans le prieuré conventuel de Cayrac ; mais, distants de quatre lieues, leur influence ne pouvait guère se faire sentir dans le pays qu'Adhémar de Bruniquel avait donné aux moines de Cadouin.

*
* *

Ceux-ci furent donc bien véritablement les premiers défricheurs et apôtres de cette contrée. Sans tarder, les différents corps d'états se formèrent à leur école, et diverses appellations de terres encore subsistant dans le voisinage, soit de la Chapelle, soit de l'emplacement probable des anciens lieux réguliers, disent assez qu'un bourg se constitua là où aujourd'hui il n'y a plus que des terrains en culture. C'étaient, par exemple, le *camp del Sastré*, la terre du tailleur, couturier, faiseur d'habits; le *fangal del Faouré*, la mare voisine de la forge où l'on trempait et éteignait, comme de nos jours, les fers forgés; plus loin, et sur le ruisseau, *Lamouliniéro* rappelle la mouture des grains, avec son four banal; etc.

Les travaux de ces moines produisirent si promptement de tels résultats qu'en 1134, c'est-à-dire trois ans à peine après la fondation, les religieux Augustins de Saint-Antonin-du-Rouergue donnaient à Dieu et à *Sainte-Marie de Sept-Fonts* le lieu de Fonclare, à la charge par lesdits moines d'y établir un monastère. En retour de cette généreuse donation, les ermites de Sept-Fonts s'obligeaient à payer annuellement aux clercs de Saint-Antonin, au jour de la fête du saint patron (2 septembre), un marabotin de la valeur de 14 sols (1). Bientôt aussi arrivèrent de divers côtés des rentes, des obits, des legs, des constitutions de dimes; et, pour ces générosités, on ne demandait en retour que des prières, une participation aux mérites spirituels de l'Ordre, et parfois aussi le droit soit d'y prendre le saint habit, soit d'occuper, la vie durant, une place dans le Sanc-

. (1) Acte relaté parmi les documents de la *Gallia christiana*, t. I, p. 46; signé par les deux vicomtes Izarn et Sicard, les chanoines et divers personnages, tels que Élie de Bone, Umbert de Fontane, Arnaud d'Auti, etc.

tuaire de Notre-Dame, ou bien d'y élire sa sépulture (1). Telle fut entre autres la donation faite, en 1159, par Guillaume de Pomaret, entre les mains de l'abbé Bernard, « à Dieu, à sainte Marie et aux habitants de Sept-Fonts » de sa terre de *Fossat-Franc*, à condition que si lui ou ses enfants veulent se faire religieux de ce monastère, ils y seront reçus, sauf le droit de l'Ordre de Citeaux. A cette même condition, Géraud de Solier, son parent, fit également quelques dons à la même Abbaye (2). En acceptant leurs diverses donations, l'Abbé de Sept-Fonts déclara qu'en quelque endroit que mourussent les deux donateurs, ils seraient traités comme ses propres moines, ce qui s'entend des prières qu'on avait coutume de faire pour les religieux défunts. Pauvres et riches, manants et seigneurs étaient ainsi payés de retour par ces moines, en récompense de

(1) L'ancien dallage de la Chapelle, qu'on a remplacé il y a quelques années, portait de nombreuses inscriptions tumulaires. Plusieurs de ces pierres, disséminées sur divers points, se trouvent notamment, soit dans l'impasse qui conduit du presbytère à l'église paroissiale, soit dans les allées en bordure. La pieuse tradition de choisir sépulture dans cette Chapelle paraît s'être continuée jusqu'en des temps assez proches de nous, puisqu'une de ces dalles tombales porte la date de 1749; on y lit : *Tombeau de M. Jean Vaisse, notaire, et les siens.* Il est à présumer que l'habitation de ce notaire, dite la *maison neuve*, fut la résidence des prieurs.

(2) Dans la *Gallia christiana*, t. I, p. 47, des *Instrumenta*. Item les cessions des dîmes sur Saint-Marcel par Guillaume Aymon et sa femme, faites au premier Abbé de Sept-Fonts et renouvelées plus tard en faveur de celui de Saint-Marcel par les descendants desdits héritiers.

leurs bienfaits et générosités à l'égard de la Vierge Marie.

Un don vraiment somptueux allait devenir funeste à cette localité, alors cependant qu'il était le plus éclatant témoignage du prix qu'on attachait aux œuvres de ces religieux et du bien qu'ils opéraient. Le seigneur Armand de Montpezat et ses frères donnèrent au premier Abbé de ce monastère la terre de Saint-Marcel, dans la riante vallée de la Lère, aux portes de Réalville, dans le voisinage des Bénédictins de Cayrac et à petite distance de l'abbaye de Lagarde-Dieu, qui se fondait vers cette même époque (1). Tous ces avantages, joints aux agréments du site, à l'importance des domaines, à la sécurité du lieu, aux facilités des relations et au nombre considérable de vocations qui se recrutaient dans ce nouveau couvent, déterminèrent l'Abbé de Sept-Fonts à en confier l'administration à un prieur résident. Bientôt même, il parut plus sage et plus pratique d'y transporter le siège abbatial. Les hostilités qui avaient éclaté entre Henri II, roi d'Angleterre, et Raymond V, pour la possession du comté de Toulouse, furent aussi une des causes déterminantes.

(1) La fondation de Lagarde-Dieu eut lieu le 21 novembre 1150 ; l'acte de donation de Saint-Marcel aux moines de Sept-Fonts ne porte pas de date ; mais, puisqu'elle fut faite entre les mains du premier Abbé, Pierre, il faut la placer vers 1146 Après cette date, l'abbatiat était passé sur une autre tête. L'acte fut rédigé en présence d'Arnaud d'Auti, de Bernard de Saint-Cirguet (Saint-Cirq) et de Bertrand de Grimoal, chapelain. *(Gallia christiana*, t. I, p. 46.)

Tandis que le roi occupait la ville de Cahors, l'Abbé de Sept-Fonts, Bernard, avait été obligé de se retirer avec ses religieux non loin du château-fort de Penne-du-Tarn, à Roca-Columberia (Larroque-Colombière), lieu appelé aujourd'hui l'*Ermitage*, en souvenir, peut-être, de la résidence de nos moines septfontois (1). Là, ils étaient venus demander protection à leur bienfaiteur, le vicomte de Bruniquel, qui aisément pouvait les défendre, tout en les tenant séparés de sa demeure seigneuriale et sur l'autre rive de l'Aveyron. L'Abbé profita de ce séjour pour régler certain différend entre l'Abbaye et Gérard Bonafos au sujet de la possession de la maison de Casuls (ou *Casals*) et ses dépendances (29 décembre 1161) (2).

*
* *

Quand la lutte eut pris fin, au lieu de se diriger vers leur première résidence, ces religieux entrèrent à la nouvelle abbaye de Saint-Marcel. Ce fut en 1163, et ils en profitèrent pour s'affilier directement à l'Ordre de Cîteaux. Dans les trente ans environ que ces moines

(1) Sur ce point s'élève présentement une maison habitée par un certain Bayol. — Note fournie par M. Julien Viguier, de Penne.

(2) La date de ce titre a fixé l'époque encore incertaine de la guerre en question et de sa durée. (Voir *Cartulaire de Vaour*, cité par M. Rossignol dans une *Étude historique du département du Tarn*, et *Congrès archéologique de France*, t. XXIX, p. 335.)

avaient résidé au monastère d'origine, à Sept-Fonts, quatre Abbés, du moins connus, en eurent la direction. Ce sont : PIERRE, le fondateur; RAYMOND, qui lui succéda après avoir signé la donation de Saint-Marcel, faite par le seigneur de Montpezat ; GUILLAUME, sous l'administration duquel Arnaud de la Brousse fut nommé prieur-résident à Saint-Marcel ; enfin, BERNARD, que nous venons de trouver à Larroque-Colombière, et passant de là à la nouvelle abbaye avec sa colonie de religieux.

Notre-Dame de Sept-Fonts et ses dépendances furent-elles, dès lors, abandonnées par leurs anciens maîtres, ou bien ceux-ci se contentèrent-ils d'y entretenir un prieuré avec le personnel nécessaire au service spirituel et à l'exploitation des terres? Annales et archives sont muettes sur ce sujet. Néanmoins, il est à présumer que longtemps encore ces religieux continuèrent à exercer, avec leur salutaire influence, les fonctions religieuses. Il en fut probablement ainsi jusqu'à l'érection de la bastide royale, alors que le service divin fut fait dans la nouvelle église. *Notre-Dame* n'en subsista pas moins avec son culte et ses droits spirituels et temporels. La fondation du vicomte Adhémar ne pouvait pas être caduque; et, à défaut des moines Caduins qu'il avait attirés sur son domaine, l'abbaye de Figeac, que nous avons vue confirmée dans sa possession par le pape Eugène III, continua à veiller sur ce Sanctuaire. De son côté, le comte de Toulouse et de Poitiers, ayant bâti un château-fort et entouré le bourg de bonnes murailles, en assura la tranquillité, de même qu'il en réglementa l'administration par les *Coutumes* données aux habitants (1).

Mais les ravages occasionnés dans tout ce pays par les Albigeois et par les troupes anglaises n'épargnèrent pas la Chapelle, située hors des remparts. Voilà pourquoi on ne trouve même pas la plus petite trace des bâtiments conventuels, qui, du reste, devaient avoir assez peu d'importance, vu le court espace de temps qu'y séjourna la communauté bénédictine. Soit aussi à ces époques de trouble et de bouleversement, soit plus spécialement durant la période protestante, alors que les calvinistes firent de Sept-Fonts une de leurs forteresses, le Sanctuaire de Notre-Dame fut rasé.

Quand les jours revinrent meilleurs, on le vit cependant se relever quelque peu de ses ruines, et c'est sur une partie de ses antiques fondements que se sont élevées les pauvres murailles qui rappellent un des plus vieux Oratoires de la région dédié à Marie. Ainsi, la chapelle consacrée à *Notre-Dame des Misères* ne vint que vingt ans après celle de Sept-Fonts ; *Notre-Dame de Pitié*, vénérée à Montpezat, lui cède le pas pour plus d'un siècle ; *Notre-Dame de Grâce*, à Puylaroque, est encore moins ancienne que cette dernière ; l'oratoire de *Notre-Dame du Frêne (del Frayssé)*, devenu dans le cours des âges l'église paroissiale de Caussade, ne la précéda que de quelques années ; seul, le célèbre sanctuaire de *Livron* devança de cent ans

(1) Voir à ce sujet notre *Notice* plus détaillée ; *item* pour les faits qui suivent.

environ. Nous avons donc là un des plus anciens sanctuaires consacrés dans le pays au culte de la Très Sainte Vierge, et peut-être même le plus ancien, sous le titre de *Notre-Dame des Douleurs.*

*
* *

Ce n'est pas sans preuves que nous inscrivons ici, pour la première fois, ce vocable de *Dame des Douleurs.* Jusqu'ici, nous n'avions qualifié cette Chapelle et sa dévotion que « *Notre-Dame,* » avec son qualificatif topographique, « *Sept-Fonts.* » Mais la tradition orale et les usages encore en pratique confirment que Marie a été invoquée dans cette chapelle champêtre sous le touchant mystère de ses souffrances. C'est surtout à la fête de la Compassion, durant le Carême, et au mois de septembre, pour les Sept-Douleurs, que la paroisse se rend à cet autel, où les cérémonies, les prières publiques et les chants sont en unisson avec l'esprit de ces attristantes solennités.

Il faut bien que ce soit là la dévotion traditionnelle attachée à ce Sanctuaire, alors qu'extérieurement rien n'y parle des douleurs de Marie. La Statue qu'on y vénère — comme nous l'avons décrite — est une Vierge-Mère sans aucun caractère spécial pouvant inspirer le sentiment ou l'idée des souffrances ou de la compassion de la divine Vierge. Ni glaives, ni croix du Calvaire, ni suaire, ni insignes de la Passion, ni larmes dans les yeux, ni tristesse peinte sur le visage; rien, en un mot, qui puisse faire songer à une *Pieta*, à une *Dolorosa*. Et, cependant, personne ne pense à venir vénérer ici l'Immaculée, la Nativité, l'Annonciation, l'Assomption ou même la Maternité de Marie, alors cependant que c'est bien ce dernier sujet qui frappe les yeux.

Mais les dévotions se transmettent à travers les âges plus encore par l'esprit, par le cœur, par les pratiques, que par tels objets sensibles, telles représentations de convention. Aussi, il est à croire qu'antérieurement à la moderne Statue actuellement exposée aux regards des fidèles, toute autre image devait rappeler la *Mère de Douleurs*. Qui sait même si le Moyen-Age, éminemment symboliste et mystique, ne vit pas dans les *sept fontaines*, qui servirent à dénommer le pays, une raison toute naturelle d'implanter sur ce point le culte des *sept douleurs* de Marie, ces *sept sources* de grâce pour ses enfants adoptifs?... Sans poser ceci comme certitude, il nous suffit de voir consacré, et par les fêtes spécialement célébrées à ce Sanctuaire et par la tradition orale, le souvenir des mystères douloureux.

Ce n'est pas que nous affirmions qu'à l'origine il en fût ainsi. Bien volontiers, au contraire, nous admettrions que, vu la coutume des Ordres religieux, on ait pris à Sept-Fonts, comme vocable, la fête de la Vierge correspondant à la date de fondation, c'est-à-dire l'Annonciation, puisque cette fondation eut lieu aux environs du 25 mars. Peut-être encore adopta-t-on un des titres sous lesquels Marie était plus généralement honorée dans ces temps reculés, c'est-à-dire le mystère de sa bienheureuse Naissance ou celui de sa triom-

.phante Assomption. L'appellation de « *Notre-Dame* » portée par cette Chapelle consacrait très liturgiquement ce fait, puisqu'il est indifféremment appliqué soit à la fête du 7 septembre, soit à celle du 15 août. Mais ce qui ne fut pas établi dès le principe a bien pu l'être à l'époque où le culte de la *Mater Dolorosa*, inspiré par le malheur des temps et demandé par Marie elle-même aux sept fondateurs de l'ordre des Servites, s'étendit à travers le monde catholique. Du XIII° au XIV° siècle, d'innombrables monuments furent élevés en l'honneur de la *Compassion* et des *Douleurs* de la Sainte Vierge; alors, plus que jamais, les Madones rappelèrent les principales phases d'un martyre qui débuta avec le glaive du vieillard Siméon, pour se prolonger jusqu'au pied de la croix, sur les sommets du Calvaire. Bientôt, la *fête des Sept-Douleurs* est liturgiquement établie (1433), et le XV° siècle ne se clôtura pas sans qu'une première Confrérie ne fût canoniquement érigée sous ce titre (1490).

Alors la piété des fidèles s'orienta vers ce culte si consolant pour le cœur chrétien, et que l'Église enrichit de ses plus riches trésors spirituels. En fallait-il davantage pour encourager les serviteurs de Marie à l'invoquer sous ce titre aussi bien dans les sanctuaires qui lui étaient depuis longtemps consacrés que dans ceux qui surgirent à cette occasion ? Ériger alors une image rappelant ces mystères, ces scènes de la douleur incomparable, fut une pensée toute naturelle, un besoin même pour la piété filiale. En fait de changement de vocable, et, par suite, de modification dans l'objet de la dévotion, nous en avons un exemple au sanctuaire même de Livron. Aujourd'hui, on y vénère Marie dans sa Conception Immaculée; et, cependant, comme en fait foi le tableau de 1657 représentant l'auguste Vierge au milieu des scènes qui rappellent la raison du pèlerinage (1), c'est à son Assomption que la chapelle fut très probablement dédiée. De nos jours, ne voit-on pas des dévotions, plus en rapport avec les nécessités des temps, se propager et supplanter telles autres dévotions, bien anciennes et bien respectables cependant? Ainsi vint une époque où le culte de Marie transpercée de sept glaives ou pleurant au pied de la croix éclipsa, dans bien des Sanctuaires, les vocables primitifs et le culte qui y était attaché.

A Sept-Fonts, il put en être de même, car, si l'existence de la Chapelle dédiée à Notre-Dame atteste depuis des siècles le fait d'un culte spécial en son honneur, le culte qui lui est présentement rendu va directement au souvenir de ses souffrances. Que si ce mémorial n'est pas figuré par une de ces images traditionnelles de Marie *angoissée*, c'est qu'emporté dans la tourmente des luttes politiques ou religieuses, ce sujet a été remplacé par la représentation la plus ordinaire de la Mère des chrétiens. A défaut de statue *parlante* ou *symbo-*

---

(1) On voit encore cette peinture dans le grand tableau conservé à Livron, et dû au pinceau peu artistique d'un Capucin qui signait *Joseph Rosas*. La Vierge y est représentée sous la figure de l'Assomption et entourée, comme bordure au tableau, de diverses scènes rappelant les péripéties du combat contre le dragon et la légende des anges bâtisseurs de la Chapelle.

lique, il y a la perpétuité de la dévotion admise sous ce vocable ; car c'est bien *Notre-Dame des Douleurs* qu'on vient prier dans cet humble oratoire ; c'est Elle qu'y voient les yeux de la foi ; c'est à Elle que vont les demandes et les supplications de ses fidèles clients.

Les vieillards du pays, des septuagénaires, des nonagénaires de la contrée attestent l'authenticité de ce vocable. Dans leur enfance, ils assistèrent aux cérémonies qui, alors comme aujourd'hui, se célébraient dans cette Chapelle en l'honneur de la Compassion et des Sept-Douleurs de Marie. Leurs vieux parents les y conduisaient et leur parlaient de ce qu'ils avaient appris de leurs ascendants. Ainsi la chaine de la tradition va se rattachant à plusieurs siècles en arrière, et les familles continuent à invoquer Celle qui est la Reine des douleurs : Reine, parce que, après Jésus-Christ, elle a eu la royauté de la souffrance ; Reine aussi, parce qu'elle a l'ambition, la volonté et le pouvoir de faire siennes nos propres douleurs.

Avec cette persuasion, les âmes pieuses, les cœurs attristés, les familles affligées ne pouvaient que se sentir attirés vers cet autel. Et de fait, disent ces mêmes témoins, « *on venait à Notre-Dame de Sept-Fonts, comme on allait à Notre-Dame de Livron.* » Ce sont les termes mêmes des témoignages que nous avons recueillis et dont rien ne peut faire suspecter la sincérité et la vérité. On y vit venir diverses paroisses, sous leur bannière respective, soit pour fêter en commun la Patronne de cette Chapelle, soit pour implorer son secours aux époques de fléaux, d'épidémies, de calamités publiques. Les mères y consacraient leurs enfants, sollicitaient une guérison, exposaient leurs peines de famille, recommandaient un infirme, un mourant. Sur l'autel placé aux pieds de la Statue, on faisait offrir le Saint-Sacrifice; un cierge à la main et agenouillé devant cette image, on demandait au prêtre soit une bénédiction spéciale, soit la lecture d'un évangile. En un mot, tout s'y passait comme dans un lieu de pèlerinage, et toute la région sait bien que *Notre-Dame* n'était pas exclusivement pour les habitants de Sept-Fonts. Nombreuses encore sont les familles qui viennent annuellement renouveler *le vœu* fait par elles de temps immémorial. La petite offrande est apportée avec autant de reconnaissance que de fidélité, et beaucoup se font les propagateurs d'une dévotion qui attire les bénédictions toutes spéciales de Marie sur les enfants et les parents qui se consacrent à Elle dans ce Sanctuaire.

*
* *

Désigné de nos jours sous le titre générique de *Notre-Dame*, ce Sanctuaire eut cependant une appellation fort caractéristique, qu'il serait fâcheux de voir disparaître. Si la Reine du ciel y fut vénérée comme « Mère de douleur, » elle y était connue par les siècles passés sous le nom de *Sainte-Marie de l'Ormeau*. L'inscription de la cloche, que nous avons rapportée ci-avant, est la consécration de ce vocable traditionnel ; il est à souhaiter qu'il se perpétue et que les générations présentes et à venir le répètent comme on se le transmit, comme on l'entend encore sur les lèvres des plus anciens de la contrée. Ce vocable dépeignait le milieu dans lequel était située cette Chapelle.

Là, jadis, un ormeau, qui durant des siècles abrita le chevet de cet édifice, donnait au site un aspect plus recueilli, en enveloppant ses murs dans des ombres ou des demi-teintes mystérieuses. Il y a quelques années seulement, le rejeton de cet arbre séculaire a été arraché, comme compromettant par ses racines la solidité des murailles, et détériorant la toiture par ses branches. On aime toutefois à redire : Là était l'*Ormeau de Notre-Dame ;* on aime à se représenter les nombreuses générations d'indigènes et d'étrangers se reposant sous ses rameaux, y devisant et reprenant haleine avant de regagner leurs demeures. Marie, dans la fuite en Égypte, — qui est le deuxième Mystère douloureux, — fit aussi une halte sous l'arbre que la divine Providence avait fait croître pour servir de tente à la sainte Famille !

Un arbre, un ormeau, était donc bien à sa place auprès de cette Chapelle. Que si, sur ce point, il ne rappelait pas, comme au sanctuaire de *L'Orme*, à Castelferrus, l'invention d'une statue providentiellement déposée dans le tronc d'un arbre de cette espèce, il pouvait remettre en mémoire certaine prophétie d'Isaïe et inspirer de symboliques rapprochements. Le prophète a écrit que « *pour manifester sa puissance et ouvrir les yeux, les oreilles et l'intelligence des incroyants, le Tout-Puissant s'est plu à faire jaillir*

*des sources dans les lieux arides, à changer les dé-
serts en étangs, à faire pousser dans la solitude le
pin, l'ormeau et les buis* (1). » Dans les forêts et parmi
les grèzes qui, à l'origine, constituèrent la nature de
ce sol et le caractère de cette contrée, la main du
Créateur creusa les *sept sources* dont les hommes ont
tout naturellement formé l'appellation de *Sept-Fonts.*
Auprès de ces sources jaillissantes et au centre de ces
bois profonds, la dévotion à *Notre-Dame des Douleurs*
fleurit sous l'humble toit d'un petit oratoire abrité par
un Ormeau. — Ne serait-ce pas le cas de dire : « *Le
doigt de Dieu est là?* »

Pour symboliser les souffrances inénarrables de Marie,
on ne pouvait choisir « *les rosiers de Jéricho, ou les
arbustes odoriférants qui répandent au loin leurs
parfums,* » image des vertus et des bienfaits de la Vierge
divine. L'ormeau, à l'aspect sévère, au sombre et maigre
feuillage, aux rameaux grêles et tourmentés, redit beaucoup mieux les amertumes de Marie, inspire davantage
les sentiments de tristesse, de peine, de torture. Mais,
selon la belle pensée d'Origène, nous savons que si cet
arbre « *ne porte pas de fruits et ne donne que des
feuilles ténues et peu abondantes, il est ainsi fait
pour servir de tuteur à la vigne* (2). » Or, la *vigne,*
c'est Jésus-Christ ; chaque fidèle en est un rameau ; et
Marie, qui porta Jésus dans son chaste sein, nous porte

(1) Voir la prophétie d'Isaïe au chapitre XLI, versets 18 à 20.

(2) Ulmus, est propter raritatem foliorum maritandis vitibus
apta, quum ipsa sit infrugifera. « (ORIGÈNE, homélie 10 sur
Josué.)

dans son cœur pour nous communiquer les grâces qu'elle puise au cœur même de Dieu.

*
* *

Pour ces motifs, et afin de donner un nouvel essor au culte de la *Mater Dolorosa*, une statue représentant Marie sous ces traits si émouvants prend de nouveau possession du Sanctuaire de Sept-Fonts. Un nouvel ormeau va rappeler celui que les âges passés purent voir ombrageant ces murailles ; et, par la bénédiction qu'il a reçue, Dieu aidant, il jettera de profondes racines pour donner ses premiers rameaux au premier printemps du XXe siècle.

Puissent désormais revivre ici les traditions du passé ! Les Annales du Quercy nous apprennent que, dès le commencement du XVe siècle, Sept-Fonts était le chef-lieu d'un bailliage très étendu, comprenant dans son ressort Lalande, Saint-Georges-de-Salvagnac, Cayriech, Monteils, Lavaurette, Saint-Cirq, Aliguières, Servanac, Saint-Martin-de-Caussenilles, etc... Plus que jamais, ces diverses localités sont aujourd'hui tributaires du centre manufacturier où elles trouvent un des principaux moyens d'existence et de bien-être matériel. Pourquoi ces mêmes paroisses ne tiendraient-elles pas à honneur de faire partie du *bailliage de Notre-Dame des Douleurs*, à s'y vouer, à y venir en pèlerinage, à se reconnaitre, en un mot, vassales et tributaires de ce Sanctuaire ? Au pain matériel s'ajouterait ainsi le pain supersubstantiel de la foi pratique et agissante ; et les bénédictions célestes descendraient infailliblement tant sur l'industrie locale que sur les nombreuses familles qui en tirent journellement leur vie?... Usines, fabriques, ateliers ne sauraient trouver une plus puissante protection. En Marie et par Marie, patrons et ouvriers ont un gage assuré de prospérité. L'attachement à son culte conserve et développe les principes religieux. Or, les peuples religieux sont les peuples heureux.

ORA PRO NOBIS

VIRGO DOLOROSISSIMA

Fac me tecum pie flere,
Crucifixo condolere,
Donec ego vixero.

Juxta crucem tecum stare,
Et me tibi sociare,
In planctu desidero.

Pleurer d'amour et compatir
Aux maux qu'il endure au Calvaire
Jusqu'à mon dernier soupir.

Être avec vous près de sa croix,
Aux gémissements de sa Mère,
Mêler ma plaintive voix.

Prière à Marie, Mère de Douleurs

O très sainte Vierge Marie, Reine des Martyrs, que ne puis-je être au ciel et contempler la force que vous recevez de la Très Sainte Trinité et de toute la cour céleste! Mais comme je suis encore dans cette vallée de larmes, daignez aussi recevoir de moi, pauvre pécheur et votre indigne serviteur, l'hommage de la plus sincère vénération et l'acte le plus parfait d'entier dévouement qu'une créature humaine puisse vous offrir. C'est à votre cœur, souverainement digne de tout honneur et transpercé si souvent par le glaive de la souffrance, que je confie aujourd'hui et pour toujours ma pauvre âme. Daignez l'associer à vos douleurs, et ne permettez pas que je m'éloigne jamais de cette croix sur laquelle votre Fils unique a exhalé pour moi son âme bénie. C'est en union avec vous, ô Marie, que je veux souffrir toutes les tribulations, les contradictions et les maladies par lesquelles il plaira à votre divin Fils de me visiter ici-bas. Je vous offre toutes ces souffrances en souvenir des douleurs que vous avez endurées pendant votre vie mortelle, et je désire qu'à partir de ce moment toutes les pensées de mon esprit, tous les battements de mon cœur, soient autant d'actes de compassion pour vos douleurs et de complaisance pour la gloire dont vous jouissez maintenant au ciel. Oui, Mère très chérie, puisque je compatis à vos souffrances et me réjouis de vous voir couronnée de gloire ; ayez, vous aussi, compassion de moi, et réconciliez-moi avec Jésus, votre Fils, afin que je redevienne votre véritable et fidèle enfant. Venez, à la fin de ma vie, m'assister à mon agonie, comme autrefois vous avez assisté à l'agonie de votre divin Fils, et qu'au sortir de ce dur exil, j'aie le bonheur de participer à votre gloire dans le paradis. Ainsi soit-il.

(200 jours d'indulgence. — Rescrit du 26 mars 1887.)

MANUEL DE PIÉTÉ

LA DÉVOTION

A NOTRE-DAME DES SEPT-DOULEURS

I. — Objet de cette Dévotion

Cette dévotion a pour objet « les Douleurs de Marie, mère de Dieu, unie à son divin Fils dans le mystère de notre rédemption et méritant, par d'indicibles souffrances, les titres de *Corédemptrice* et de *Reine des martyrs*, que nous aimons à lui donner » : douleurs de Compassion, aussi grandes que l'amour qui en est la source, et dont pour cela même nous ne saurions mesurer l'intensité.

De tout temps, les fidèles honorèrent ces Douleurs de Marie d'un culte de compassion et d'amour, mais en les envisageant de différentes manières, assez bien caractérisées par les noms divers dont ils se servaient pour désigner cette dévotion.

Par *Notre-Dame de Pitié,* on entendait surtout Marie recevant et tenant dans ses bras le corps inanimé de son divin Fils déposé de la Croix, et aidant à le placer dans le sépulcre.

Sous le nom de *Notre-Dame de Compassion,* on désigne et on envisage principalement Marie debout au pied de la Croix, assistant à l'agonie et à la mort de Jésus crucifié et au coup de lance dont son cœur fut transpercé. Le *Stabat Mater* est l'éloquente expression de cette dévotion. Plus tard, on se servit du titre de *Notre-Dame des Douleurs* pour désigner toutes les angoisses et souffrances de Marie pendant la Passion de Notre-Seigneur. Le concile de Cologne emploie cette expression dans le célèbre décret de 1423, par lequel il établit la *Fête des Angoisses et des Douleurs de la Bienheureuse Vierge Marie.*

Ces souffrances de notre divine Mère pendant la Passion furent assurément les principales et les plus vives; mais comme son martyre commença avec sa maternité divine et ne cessa plus jusqu'à la fin de sa vie, ne doit-il pas être dans son ensemble l'objet de notre culte de compatissance et d'amour.

La Sainte Vierge elle-même demanda ce culte aux sept fondateurs de l'ordre des Servites, en diverses apparitions, au commencement du XIII⁰ siècle. Ces religieux s'y consacrèrent et en firent l'objet spécial de leur piété et de leur zèle; c'est pourquoi ils donnèrent à leur dévotion une forme nouvelle et particulière. S'inspirant probablement du Rosaire, que saint Dominique venait d'instituer, ils choisirent daus le long martyre de l'auguste Vierge *sept* circonstances particulières qui en sont comme les étapes ou phases principales, autour desquelles viennent se grouper et se résumer toutes les autres douleurs.

D'ailleurs, ce choix de *sept* circonstances ou Douleurs principales n'a rien d'arbitraire, comme on pourrait le penser. Elles sont toutes mentionnées dans le Saint Évangile; et c'est en empruntant presque textuellement les paroles de la Sainte Écriture que l'office de la *Fête des Sept-Douleurs,* au 3ᵉ Dimanche de septembre, consacre les répons et versets des sept premières Leçons à décrire avec une pieuse simplicité ces mêmes mystères de souffrances.

Cette dévotion ayant été propagée par les Servites et par d'autres Ordres religieux, l'Église, après l'avoir souvent encouragée, finit par l'adopter officiellement et lui donna place dans sa sainte liturgie. A la suite des prières du Missel et du Bréviaire, les fidèles virent paraître dans leurs Paroissiens et Manuels de piété l'énoncé des *sept* douleurs de Marie. Désormais, à la piété filiale des catholiques furent proposés, comme motifs et moyens de compassion : 1º Le glaive de douleur prédit à Marie par le vieillard Siméon ; 2º La fuite en Égypte ; 3º La perte de Jésus à Jérusalem ; 4º La rencontre de Marie et de Jésus sur le chemin du Calvaire ; 5º Marie au pied de la Croix ; 6º Jésus descendu de la Croix et déposé entre les bras de Marie ; 7º Jésus enseveli sous les regards de sa Sainte Mère. Et quand l'Église a fait passer sous nos yeux ces sept circonstances bien douloureuses pour le cœur de la Sainte Vierge, elle nous exhorte à les méditer par cette formule empruntée à l'Ancien Testament : « Gardez bien au plus intime de votre cœur le souvenir des gémissements de votre Mère, afin de recevoir dans leur plénitude le pardon et les bénédictions divines. »

II. — But de cette Dévotion

Honorer, par un culte spécial de compassion et d'amour, les douleurs ineffables que Marie a ressenties à cause de nous pendant la vie, durant la Passion et à la mort de son divin Fils, tel est le but de cette dévotion. Mais en nous faisant méditer les vertus admirables dont la Sainte Vierge est le modèle accompli dans ces mystères, elle nous entraîne à marcher sur les traces de notre Mère et veut nous faire participer aux grâces abondantes que son cœur répandit toujours sur ceux qui furent fidèles à lui rendre cet hommage.

Par les exercices propres à cette dévotion, nous offrirons au Cœur douloureux de notre Mère l'hommage d'amour et de réparation qui lui est si bien dû, observant à la lettre la recommandation divine de « ne pas oublier les gémissements de notre Mère » et de lui rendre honneur tous les jours de notre vie, au souvenir de tout ce qu'elle a enduré pour nous.

Cette méditation excitera en nous la volonté d'unir nos propres souffrances à ses souffrances, afin d'accepter avec résignation, avec soumission les peines et les épreuves de la vie, et d'imiter dans les combats de chaque jour les admirables vertus de patience, de douceur, de courage, de zèle et de charité qu'elle a pratiquées durant cette longue *Compassion* de 33 ans et plus.

Enfin, en nous adressant à Marie, au nom de ses douleurs, nous attirerons sur nous, sur l'Église, sur les causes qui nous sont chères, les grâces abondantes dont cette dévotion fut toujours la source : des grâces de foi généreuse et de persévérance chrétienne, des grâces de crainte du péché et de tendre piété envers Notre-Seigneur, des grâces de consolation dans cette vallée de larmes et de confiance au moment de la mort.

Quelle dévotion plus excellente ! Prenons-la à cœur. Aimons à contempler Marie au pied de la Croix et à nous y tenir près d'elle. C'est là qu'elle est vraiment notre Mère ; c'est en considérant cette image de la Reine de douleur que nous avons le droit, avec le disciple bien-aimé, de la prendre pour « nôtre ; » c'est là qu'elle devient notre appartenance et notre propriété.

Mais ce n'est pas seulement notre droit et notre devoir ; ce sera aussi notre refuge et notre consolation au milieu des épreuves et des alarmes de l'heure présente. « Sans doute, « observe bien justement un éloquent évêque et panégyriste « de Marie, sans doute, il nous est doux de prier devant la « statue de Marie Immaculée, de Marie recueillie en elle-« même dans le sentiment de son infinie pureté. Nous « allons avec confiance aux pieds de la Vierge Mère tenant « entre ses bras le saint Enfant Jésus. Nous aimons à con-« sidérer, à méditer en Marie ses vertus, ses grandeurs et « ses gloires. Mais ses vertus seules ne seraient-elles pas « décourageantes pour notre faiblesse, ses grandeurs et ses « gloires pour notre bassesse et notre indigence morale ? « Au contraire, les mystères des souffrances, des humilia-« tions de Marie, endurées pour nous, ah ! voilà qui la rap-« proche davantage de nous. Ce n'est ni de la Vierge conçue « sans péché, ni de la Vierge mettant Jésus au monde, mais « de la Vierge présente au Calvaire qu'il nous a été dit : « Voilà votre Mère ! » (*La Vierge Marie*, d'après Mgr Pie, p. 389.)

C'est pourquoi, sans négliger les mystères joyeux et les mystères glorieux de son Rosaire, tant d'âmes ont un attrait spécial pour les mystères douloureux, qui s'accommodent mieux à nos besoins, à nos misères de l'âme et du corps, à nos nécessités personnelles et à l'état de la société présente.

Soyons de ce nombre : attachons-nous à Notre-Dame des Douleurs et ne nous en séparons jamais !

III. — Fruits de cette Dévotion

La pratique sérieuse et bien comprise de la dévotion aux Douleurs de Marie ne peut manquer d'avoir sur les âmes l'action la plus efficace et la plus salutaire ; d'être pour elles une source abondante des plus précieuses faveurs.

Suivant une antique et vénérable tradition, confirmée par les révélations de sainte Mecthilde et de sainte Brigitte, Notre-Seigneur a promis d'accorder quatre faveurs singulières à tous ceux qui seront fidèles à rendre ce culte à sa divine Mère, savoir : la grâce de la contrition parfaite à l'heure de la mort ; une assistance spéciale dans toutes les afflictions de la vie et surtout à l'heure dernière ; de vifs sentiments de compassion pour les souffrances de Jésus et de Marie ; enfin des secours assurés dans tous leurs besoins, Notre-Seigneur se plaisant à exaucer les prières de sa Mère en faveur des âmes adonnées au culte de ses Douleurs.

Comment Jésus n'aimerait-il pas l'âme dévote aux souffrances de sa Mère ? Comment les saintes résolutions prises à la contemplation des douleurs de Marie ne seraient-elles pas agréables et précieuses à Celui qui nous a fait dire par l'écrivain sacré de « ne pas oublier les larmes de notre Mère ? » Cette contemplation nous instruit sur la nécessité, l'utilité, les avantages de la souffrance ; alors que, selon notre penchant naturel, nous avons une soif inextinguible de jouissance. En considérant Marie transpercée du glaive sept fois douloureux, nous comprenons qu'au lieu de redouter la souffrance comme un malheur et un mal, nous devons la recevoir et même la désirer comme la source des biens les plus précieux, l'accepter au moins comme réparation de nos fautes. Et si nous adressons à Notre-Seigneur des prières au nom des souffrances et des larmes de sa Sainte Mère, ces prières ne seront-elles pas bien accueillies ?...

Aussi sont-elles innombrables les faveurs, les grâces obtenues de Dieu par la dévotion à Notre-Dame des Sept-Douleurs. Moins de quarante ans après l'établissement de la première Confrérie érigée sous ce titre en Flandre, à la fin du XVe siècle, l'apôtre de cette dévotion, Jean de Coudemberghe, publiait en deux volumes le récit de 210 miracles opérés, dans ce pays, à la prière de Notre-Dame des Douleurs. Et ces faveurs n'ont fait que se multiplier depuis, à mesure que cette dévotion se répandait. Elles sont nombreuses, depuis surtout que la Mère des Douleurs s'est montrée à deux bergers sur les monts de la Salette, en les chargeant d'inviter le peuple chrétien à faire pénitence pour apaiser la colère de son divin Fils, justement irrité par les blasphèmes et par la profanation du saint jour du dimanche.

Hélas ! cet avertissement n'a pas mis fin aux crimes qui faisaient couler les larmes de la Sainte Vierge ; et nous avons, plus que jamais, à redouter les châtiments spirituels et temporels dont elle nous menaçait. Empressons-nous donc de recourir à Marie par la dévotion à ses douleurs, afin que par elle nous obtenions les grâces de préservation et de sanctification que nous pouvons nous en promettre et dont nous avons si grand besoin !

IV. — Principales indulgences attachées à cette Dévotion

Plusieurs Souverains Pontifes ont enrichi d'indulgences différentes pratiques de dévotion en usage à diverses époques de l'année, afin de les signaler davantage à notre attention. Voici, en abrégé, les plus ordinaires et les plus faciles :

1º **Le mois de septembre célébré en l'honneur de la Mère de Douleurs.** — Les papes Pie IX et Léon XIII ont attaché à cet exercice des indulgences analogues à celles dont jouissent le mois du Sacré-Cœur, le mois de Marie et celui de saint Joseph, savoir :

1° Indulgence de 300 jours pour chaque jour du mois de septembre, en faveur de ceux qui pratiqueront d'un cœur contrit ce pieux exercice en l'honneur de Marie Mère de Douleurs. *(Bref du 3 avril 1857 et Rescrit du 26 novembre 1876.)*

2° Indulgence *plénière*, une fois le mois, au jour de leur choix, en faveur des fidèles qui ont fait chaque jour du mois l'exercice précédent, en public ou en particulier, pourvu qu'ils se confessent, communient et prient quelques instants aux intentions du Souverain Pontife. *(Rescrit du 27 janvier 1888.)*

3° Par ce même Rescrit, le pape Léon XIII accorde une indulgence *plénière*, analogue à celle de la Portioncule *(toties quoties)*, à tous ceux qui, le jour de la fête des Sept-Douleurs visitent une église des PP. Servites ou toute autre église où se trouve établie la Confrérie de Notre-Dame des Sept-Douleurs. (Toutes ces indulgences sont applicables aux âmes du Purgatoire.)

2° **Le Vendredi-Saint et tous les vendredis de l'année.** — Indulgence *plénière* pour tous ceux qui, à partir de 3 heures environ dans l'après-midi du Vendredi-Saint jusqu'au Samedi-Saint à 11 heures du matin, emploient une heure ou au moins demi-heure à honorer la Vierge Douloureuse, soit en méditant ses cruelles souffrances, soit en récitant de pieuses prières. (L'indulgence est gagnée le jour où l'on fait la communion pascale.) — *Trois cents jours* d'indulgence, chaque semaine, pour ceux qui pratiquent cette dévotion les autres vendredis de l'année, depuis 3 heures de l'après-midi jusqu'à l'aurore du dimanche suivant, — et une indulgence *plénière*, une fois le mois, aux conditions ordinaires, s'ils pratiquent cet exercice toutes les semaines. *(Rescrit du 18 juin 1822.)*

3º Neuvaine préparatoire aux fêtes des Sept-Douleurs. — Cette neuvaine commence le mercredi avant le Dimanche de la Passion et le vendredi après le 1er dimanche de septembre, ou le vendredi snivant, si la fête est renvoyée au 4e dimanche de ce mois.

Le pape Pie IX *(Rescrit du 3 janvier 1849)* a accordé à perpétuité une indulgence de 300 jours pour chacun des jours de cette neuvaine, et une indulgence *plénière*, au jour que chacun choisira, soit pendant la neuvaine, soit durant les huit jours qui la suivront immédiatement. — Pour faire cette neuvaine, aucune prière spéciale n'est prescrite; on peut consacrer quelques instants à méditer sur quelqu'une des douleurs de Marie, ou bien réciter quelques prières, comme le *Stabat*, le Chapelet des Sept-Douleurs, ou les sept *Ave Maria* avec l'Antienne *Sancta Maria* (qu'on trouvera plus loin).

4º Le Chapelet de Notre-Dame des Sept-Douleurs. — Ce Chapelet ou *Couronne* (dont on trouvera l'explication ci-après) est enrichi de précieuses indulgences, dont voici les principales : 1º Indulgence de 200 jours pour chaque *Pater* et *Ave,* quand on le récite, en quelque lieu que ce soit, le vendredi, les jours de fête de Notre-Dame des Sept-Douleurs, tous les jours de leurs octaves et tous les jours du Carême; 2º Indulgence de 100 jours pour chaque *Pater* et *Ave,* quand on le récite en quelque lieu et quelque jour que ce soit; 3º Indulgence de 100 ans chaque fois pour ceux qui le récitent contrits et s'étant confessés ou ayant un vrai désir de ce confesser; 4º Indulgence de 200 ans chaque fois pour quiconque le récite après sa confession et prie pour l'exaltation de la Sainte Église, l'extirpation des hérésies et l'accroissement de la religion catholique ; 5º Indulgence plénière une fois par mois pour ceux qui ont récité ce Chapelet tous les jours pendant un mois.

5º **Le Scapulaire de Notre-Dame des Sept-Douleurs.** — Dans une apparition aux sept fondateurs de l'Ordre des Servites, la Sainte Vierge leur fit connaître qu'ils devaient porter un costume noir avec un Scapulaire de même couleur, en souvenir des souffrances qu'elle a endurées pour nous. C'est ce petit vêtement que ces religieux donnèrent aux fidèles qui, sans entrer dans leur Ordre, voulaient faire profession spéciale d'être les Serviteurs de Marie. Ce Scapulaire bénit et imposé selon le rite spécial a été enrichi de nombreuses indulgences : 1º *Indulgences plénières :* au jour de la réception, à la fête principale de la Confrérie, au dimanche de la Passion, le 3e dimanche de septembre, à l'article de la mort. — 2º *Indulgences partielles :* sept ans et sept quarantaines à l'Annonciation, Purification et Assomption ; chaque vendredi, si, ayant fait la Sainte Communion, on récite cinq *Pater* et *Ave* en souvenir de la Passion de Notre-Seigneur ; — cinq ans et cinq quarantaines en accompagnant le Saint Viatique porté aux malades.

PRIÈRES ET CHANTS

A NOTRE-DAME DES SEPT-DOULEURS

1º Le Chapelet des Sept-Douleurs

Une des prières plus spéciales de cette dévotion est le *Chapelet* ou *Couronne* qui porte le nom de *Notre-Dame des Sept-Douleurs*. Ci-avant on a vu un résumé des plus importantes indulgences qui y sont attachées. Cet objet de piété, qui remonte au moins à saint Philippe Beniti, se compose de sept séries de sept *Ave Maria*, précédées chacune d'un *Pater*; il se termine par trois *Ave* récités en l'honneur des larmes que répandit la Sainte Vierge pendant sa vie et surtout à la mort de Jésus. Chaque *septaine* est offerte en l'honneur de l'une des sept principales Douleurs, dans l'ordre indiqué précédemment.

Pour gagner les indulgences de cette récitation, il faut : 1º Que le Chapelet ait été béni et indulgencié par un prêtre muni des pouvoirs spéciaux; 2º Dire chaque septaine en l'honneur d'une des sept Douleurs; sans être obligé à méditer spécialement ces divers sujets, il faut au moins s'efforcer d'avoir le souvenir de ces Douleurs présent à la pensée.

2º Antiennes à la Vierge

Salve Regina

Salve, Regina, Mater misericordiæ, vita, dulcedo et spes nostra, salve! Ad te clamamus, exsules filii Evæ. Ad te suspiramus, gementes et flentes in hac lacrymarum valle. Eia ergo, advocata nostra, illos tuos misericordes oculos ad nos converte. Et Jesum benedictum fructum ventris tui, nobis post hoc exsilium ostende. O clemens, o pia, o dulcis Virgo Maria !

Sancta Maria

Sancta Maria, succurre miseris, juva pusillanimes, refove flebiles, ora pro populo, interveni pro clero, intercede pro devoto femineo sexu : sentiant omnes tuum juvamen, quicumque celebrant tuam sanctam festivitatem.

3° **Ave Maria de Notre-Dame des Douleurs**

(Composé par Saint Bonaventure)

(100 jours d'indulgence. — Décret de Pie IX, 23 décembre 1847.)

Je vous salue, Marie, pleine de douleurs : Jésus crucifié est avec vous ; vous êtes digne de compassion entre toutes les femmes, et Jésus, le fruit de vos entrailles, est digne de larmes.

Sainte Marie, Mère de Jésus crucifié, faites que nous, qui l'avons crucifié, nous pleurions ce malheur, maintenant et à l'heure de notre mort. Ainsi soit-il.

Ave Maria, doloribus plena ; Crucifixus tecum ; lacrymabilis tu in mulieribus, et lacrymabilis fructus ventris tui.

Sancta Maria, Mater Crucifixi, lacrymas impertire nobis crucifixoribus Filii tui, nunc et in hora mortis nostræ. Amen.

4° **Versets et Répons à Marie**

℣. Ora pro nobis, Virgo dolorosissima.

℟. Ut digni efficiamur promissionibus Christi.

℣. Priez pour nous, Vierge très affligée.

℟. Afin que nous devenions dignes des promesses de Jésus-Christ.

5° Exercice quotidien

Cet exercice consiste à réciter sept *Ave Maria* en ajoutant après chacun d'eux le verset suivant du *Stabat* :

Sancta Mater, istud agas,
Crucifixi fige plagas,
Cordi meo valide.

Marie, ô Mère de Douleur,
Daignez imprimer dans mon cœur
Les blessures du Sauveur.

Les Papes Pie VII et Pie IX, en 1815 et 1876 ont accordé : 1° Une indulgence de 300 jours, une fois le jour, si on fait cet exercice d'un cœur contrit; 2° Indulgence *plénière*, une fois le mois, pour ceux qui auront fait cet exercice une fois par jour.

6° Complainte à Marie

Stabat Mater dolorosa
Juxta Crucem lacrymosa,
Dum pendebat Filius.

Cujus animam gementem,
Contristatam et dolentem
Pertransivit gladius.

O quam tristis et afflicta
Fuit illa benedicta
Mater Unigeniti !

Quæ mœrebat et dolebat,
Pia Mater, dum videbat
Nati pœnas inclyti.

Quis est homo qui non fleret
Matrem Christi si videret.
In tanto supplicio ?

Quis non posset contristari,
Christi Matrem contemplari
Dolentem cum Filio ?

Pro peccatis suæ gentis
Vidit Jesum in tormentis,
Et flagellis subditum.

Vidit suum dulcem natum
Moriendo desolatum,
Dum emisit spiritum.

Eia, Mater, fons amoris,
Me sentire vim doloris
Fac, ut tecum lugeam.

Fac ut ardeat cor meum
In amando Christum Deum,
Ut sibi complaceam.

Sancta Mater, istud agas,
Crucifixi fige plagas,
Cordi meo valide.

Tui Nati vulnerati,
Tam dignati pro me pati,
Pœnas mecum divide.

Fac me tecum pie flere,
Crucifixo condolere,
Donec ego vixero.

Juxta crucem tecum stare,
Et me tibi sociare,
In planctu desidero.

Virgo virginum præclara,
Mihi jam non sis amara ;
Fac me tecum plangere.

Fac ut portem Christi mortem
Passionis fac consortem,
Et plagas recolere,

Fac me plagis vulnerari,
Cruce fac inebriari
Et cruore Filii.

Flammis ne urar succensus,
Per te, Virgo, sim defensus
In die judicii.

Christe, cum sit hinc exire,
Da, per Matrem, me venire,
Ad palmam victoriæ.

Quando corpus morietur,
Fac ut animæ donetur
Paradisi gloria. — Amen.

7º **A Notre-Dame du Purgatoire**

Languentibus in Purgatorio
Qui cremantur adore nimio,
Et torquentur gravi supplicio,
Subveniat tua compassio,
    O Maria !

Fons es patens quæ culpa abluis;
Omnes lavas et nullum respuis :
Manum tuam extende mortuis
Qui sub pœnis languent continuis,
    O Maria !

Ad te pia, suspirant mortui,
Cupientes de pœnis erui,
Et adesse tuo conspectui.
Æternisque gaudiis perfrui,
    O Maria !

Clavis David, quæ celum aperis,
Nunc beata, succurre miseris
Qui tormentis torquentur asperis ;
Educ eos de domo carceris,
     O Maria !

Lex justorum, norma credentium,
Vera salus in te sperantium,
Pro defunctis sit tibi studium
Assidue orare Filium,
     O Maria !

Benedicta, per tua merita
Te rogamus ; mortuos suscita,
Et dimittens eorum debita,
Ad requiem sis eis semita,
     O Maria !

(Même Chant en français)

Dans les prisons où, juste en ses fureurs,
Un feu divin fait sentir ses ardeurs,
De ces captifs dévoués aux rigueurs,
Que ta pitié soulage les douleurs,
     O Maria !

Source très pure ouverte aux pénitents,
Espoir si doux des pécheurs repentants,
Étends la main vers ces gouffres fumants.
Séjour affreux d'indicibles tourments.
     O Maria !

Tournés vers toi, nos frères malheureux
Font retentir leurs accents douloureux ;
Arrache-les à ces terribles feux ;
Découvre-leur ton aspect gracieux,
     O Maria !

Clé de David, que le triste séjour
De ces captifs soit ouvert en ce jour;
A leur supplice arrachés sans retour,
Qu'au ciel enfin les place ton amour,
     O Maria !

Règle du juste, appui de notre foi,
Sauve tes fils : ils n'espèrent qu'en toi.
Pour nous, enfants de la nouvelle loi,
Sois l'avocate auprès du divin Roi,
     O Maria !

Vierge bénie — au nom de tes vertus —
Daigne, ô ma Mère ! ô Reine des élus !
Rendre la vie à ceux qui ne sont plus ;
Sois le sentier qui les mène à Jésus.
     O Maria !

8° Confiance en la Mère de douleurs

Souvenez-vous, Vierge Sainte, ô Marie !
De tous les maux qui pèsent sur mon cœur.
Qui fut jamais délaissé dans la vie,
En vous priant, refuge des pécheurs?

REFRAIN

Souvenez-vous, ô tendre Mère !
De ce grand, de cet heureux jour,
Où votre Fils, sur le Calvaire,
Nous légua tous à votre amour.
Vierge, la timide innocence
Cesse de craindre à vos genoux.
Du pécheur soyez l'espérance ;
Il se repent, souvenez-vous,
Souvenez-vous, souvenez-vous !

A vos genoux je gémis, je soupire.
Ah! vers mon Dieu, daignez guider mes pas.
Je suis pécheur, laissez-moi vous le dire:
Je suis pécheur, ne m'abandonnez pas.

O doux espoir! n'êtes-vous pas la Mère
Du Dieu clément qui fut mon Rédempteur?
Écoutez donc, écoutez ma prière.
Je vous devrai mon pardon, mon bonheur.

9° La Compassion

O vous tous qui passez, voyez s'il fut sur terre, } REFRAIN.
S'il fut jamais douleur semblable à ma douleur! }

D'un Fils crucifié je suis la pauvre Mère;
Ah! donnez une larme, au moins, à mon malheur.

Moi seule le suivis au lieu du sacrifice,
Car tous ceux qui l'aimaient, tous, de crainte, avaient fui.

Les méchants le suivaient en criant: « Qu'il périsse! »
Un traître le vendit, et c'était son ami!...

A son âme mon âme en tout était unie,
De tout ce qu'il souffrit, comme il me fit souffrir!

Hélas! j'agonisais de sa longue agonie;
Ah! de sa mort aussi que n'ai-je pu mourir!

10° Le Calvaire

Mère, voilà ton Fils! Enfant, voilà ta Mère!
Ainsi parlait un Dieu mourant sur une croix.
Oui, j'accepte ton legs, ô Jésus, ô mon frère,
Et mon cœur en retour te bénit mille fois.

REFRAIN

> Marie, ô tendre Mère,
> Nous sommes tes enfants,
> Des sommets du Calvaire
> Un jour au ciel conduis-nous triomphants.

Oui, je suis ton enfant, désormais, ô Marie !
Je vivrai pour t'aimer. je ne m'appartiens plus.
A toi tous mes soupirs, et mon cœur et ma vie :
Mère, je suis à toi, c'est le vœu de Jésus.

O prodige d'amour ! sur un nouveau Calvaire,
Pour des enfants ingrats tu répandis des pleurs.
Oui, tu pleuras sur nous... Par un touchant mystère,
Tu voulus être encor la Vierge des douleurs !

Anges du Mont sacré, qui reçûtes ses larmes,
Descendez aujourd'hui du céleste séjour ;
Venez nous raconter ses mortelles alarmes,
Saints Anges, dites-nous sa crainte et son amour :

Elle pleure, ma Mère, et le monde est en fête !
Ah ! laissons l'insensé se couronner de fleurs :
Allons avec Marie, allons à la Salette !
Et mêlons notre deuil au torrent de ses pleurs.

Pitié pour tes enfants !.. De la sainte demeure,
Vierge, abaisse vers nous ton regard maternel.
Et quand de notre exil viendra la dernière heure,
Daigne nous accueillir sur le seuil éternel.

11º Notre-Dame des Sept-Douleurs

Levez les yeux sur le Calvaire,
Vous qui passez par le chemin !
Prenez pitié de votre Mère ;
Compatissez à mon chagrin !

Quelle douleur, ô tendre Mère,
Quand Siméon, prophète du Seigneur,
Vous annonçait, au Sanctuaire,
Qu'un glaive, un jour, vous briserait le cœur.

Quelle douleur, ô tendre Mère,
D'être exilé en de lointains climats,
Fuyant Hérode et sa colère,
Et pour Jésus tremblant à chaque pas.

Quelle douleur, ô tendre Mère,
D'avoir perdu Jésus, le Roi des Cieux !
Pendant trois jours d'angoisse amère,
Combien de pleurs coulèrent de vos yeux.

Quelle douleur, ô tendre Mère,
De rencontrer, parmi les scélérats,
Jésus montant sur le Calvaire,
Pour y subir le plus affreux trépas !

Quelle douleur, ô tendre Mère,
De voir les clous, le bois du Crucifix !...
La lance impie et meurtrière
Percer le cœur de votre divin Fils.

Quelle douleur, ô tendre Mère,
De recevoir sur vos genoux tremblants
Son corps glacé dans un suaire,
Et d'embrasser ses membres tout sanglants.

Quelle douleur, ô tendre Mère,
De contempler ce Dieu, votre trésor,
Dans son sépulcre, et sur la pierre
Où l'a couché le sommeil de la mort.

Chrétiens pieux, aux jours d'alarmes,
Allons prier la Vierge aux Sept-Douleurs ;
Elle a connu pour nous les larmes,
Sa douce main saura sécher nos pleurs.

12° La Reine des Martyrs

Marie, au sommet du Calvaire,
Quand Jésus expirait,
En proie à sa douleur amère,
Silencieuse pleurait.
Douleur surnaturelle !
Mystérieux soupirs !
La mort est moins cruelle
Que vos tourments, ô Reine des Martyrs.

REFRAIN	*Autre refrain*
Pleure, pleure, ô tendre Mère :	O Marie, ô tendre Mère,
Oui, ton cœur	Votre Cœur
Est un Calvaire	Est un Calvaire
De tristesse et de douleur.	De tristesse et de douleur.

Lugubre et déchirant spectacle
Qui vous glace d'horreur,
O glaive brûlant de l'oracle
Qui vous transperce le cœur !
Un peuple, ivre de haine,
Poussant des cris de mort ;
L'enfer qui se déchaine ;
Un bois sanglant, où votre Fils se tord.

C'est pour le Fils de vos entrailles,
Dont le sang coule à flots,
Ces clous, ces fers et ces tenailles,
Et ces féroces bourreaux.
Ah ! toutes ses blessures
Vous font autant souffrir,
Autant..... et ses tortures,
Vous les sentez, mais sans pouvoir mourir.

Martyre que pourrait comprendre
Seule une âme de feu,
O mère dont le cœur si tendre
Brûle d'amour pour son Dieu !
Devant ce Dieu, victime
De vos enfants, pêcheur
Votre âme est un abîme,
Un océan de maux et de douleur.

Unie à l'effrayant supplice
Qu'il endure pour nous,
Du ciel vous calmez la justice
Et supportiez le courroux.
Avec son sacrifice,
Vos pleurs et vos soupirs
Nous l'ont rendue propice
Soyez bénie, ô Reine des Martyrs.

13° Prière de saint Bernard à la Sainte Vierge

Souvenez-vous, ô très miséricordieuse Vierge Marie, qu'on n'a jamais ouï dire qu'aucun de ceux qui ont eu recours à votre protection, imploré votre secours et demandé vos suffrages, ait été abandonné. Animé d'une pareille confiance, ô Vierge des vierges! je cours à vous, et, gémissant sous le poids de mes péchés, je me prosterne à vos pieds. O Mère du Verbe! ne méprisez pas mes prières, mais écoutez-les favorablement, et daignez les exaucer. Ainsi soit-il.

Supplément aux Cantiques

Consécration à Notre-Dame de Sept-Fonts

Vierge de l'Orme, incomparable Reine,
Nous accourons à tes pieds, tous les ans !
Sois de nos cœurs l'unique Souveraine,
Adopte-nous, ici, pour tes enfants.

REFRAIN

Sur la contrée étends ta main bénie,
Pour son bonheur nos vœux montent vers toi.
Que sous ta garde elle reste, ô Marie,
Fidèle au Christ, à l'Eglise, à la foi *(bis)*.

Oui, nous voulons, ô divine Marie,
Nous consacrer à ton culte en ce jour :
Reçois nos vœux, nos cœurs et notre vie ;
Oui, nous voulons être à toi sans retour.

A nos enfants, de la doctrine sainte
Nous léguerons le précieux trésor ;
Et leur parole à notre voix éteinte
Succèdera pour l'enseigner encor.

Chrétiens toujours ! Jésus est notre maître :
A lui nos cœurs jusqu'au dernier soupir !
Aux ignorants nous le ferons connaître,
Des malheureux nous le ferons bénir.

Entends, Marie, entends notre prière !
Sans ton secours notre effort serait vain.
Donne à Sept-Fonts cette vaillance fière
Qui va toujours, si long soit le chemin.

Oui, dans ce cœur courons cacher nos larmes,
C'est le séjour de la paix, du bonheur ;
Heureux qui peut en connaître les charmes !
Heureux qui peut en goûter la douceur !

La France à Marie

Ave Maria.
Reine de la France,
Bénissant ta loi
Nous courons vers toi.
Rends-nous l'espérance
    Ave Maria :
La France est à toi.

Du fond des vallées
Les plus reculées
Jusqu'à ce séjour,
    Ave Maria :
Les fils à leur mère
Portent leur prière,
Offrent leur amour.

Paroisse fidèle,
Pays plein de zèle,
Tous nous accourons,
    Ave Maria :
Sur la roche noire
Où brille ta gloire.
Prosterner nos fronts.

Puissante Madone,
Guéris et pardonnes,
Consoles et soutiens,
    Ave Maria :
Ces enfants qui prient,
Qui pleurent, qui crient
Mère sont les tiens.

C'est pour leur Patrie.
Ta France chérie
Où tu descendis,
    Ave Maria :
Que leur voix t'implore
Elle t'aime encore
Autant que jadis.

Sept-Fonts renouvelle
Son antique zèle
Et sa piété.
    Ave Maria :
Nourris en nos âmes
Les divines flammes
De la charité.

Entends, Vierge clémente

Entends, Vierge clémente, Ave Maria,
Notre voix suppliante, Ave Maria.

REFRAIN

Par ton secours
Réponds toujours
A ma prière,
O bonne Mère.
Ave, Ave, Ave Maria.

Si l'ennemi nous tente, Ave Maria,
Accours, Vierge puissante, Ave Maria.

Toujours, Vierge fidèle, Ave Maria,
Tu seras mon modèle, Ave Maria.

En retour, ô ma Mère, Ave Maria,
Exauce ma prière, Ave Maria.

Protège ma jeunesse, Ave Maria,
Et soutiens sa faiblesse, Ave Maria.

Sur mon âme timide, Ave Maria,
Etends ta sainte égide, Ave Maria.

Je t'en prie, ô Marie, Ave Maria,
Pitié pour la Patrie, Ave Maria.

Fais tomber sur la France, Ave Maria,
Un rayon d'espérance, Ave Maria.

Fais qu'au soir de ma vie, Ave Maria,
J'entre dans la Patrie, Ave Maria.

En ce jour, ô Notre-Dame

Sous les plis de ta bannière,
Tes enfants, tes enfants s'en vont joyeux,
Suivant, auprès de leur Mère,
Le chemin qui mène aux Cieux.

En ce jour, ô Notre-Dame,
Nous venons nous réunir
Sous les *auspices* de l'oriflam-
Que Satan n'a pu ternir. [me

Ton doux nom, sainteMadone,
Est brodé sur l'étendard ;
De l'élu c'est la couronne,
Du chrétien c'est le rempart.

Aux combats de cette vie,
Si nos cœurs sont chancelants,
Soutiens-nous, tendre Marie,
Et rends-nous tous triom-
[phants.

Dans l'exil de cette terre,
Quand notre œil est incertain,
Daigne encore, ô bonne Mère,
Nous montrer le vrai chemin.

Guide-nous dans cette lutte
Où l'enfer donne l'assaut ;
Préservés de toute chute,
Garde-nous sous ton drapeau.

Au sein de peuples rebelles
Nous avons recours à toi,
Pour rester toujours fidèles
Au drapeau de notre foi.

Quand viendra l'heure dernière,
Pleins d'espoir en ta bonté,
Puissions-nous, sous ta bannière,
Commencer l'éternité !

TABLE

www.ingramcontent.com/pod-product-compliance
Ingram Content Group UK Ltd.
Pitfield, Milton Keynes, MK11 3LW, UK
UKHW021153220726
13924UKWH00003B/1129